关于中美经贸关系
若干问题的中方立场

（2025年4月）

中华人民共和国
国务院新闻办公室

人民出版社

目　录

前　言

中国是世界上最大的发展中国家,也是对世界经济增长年均贡献率最高的国家。美国是世界上最大的发达国家,经济体量全球第一。中美经贸关系既对两国意义重大,也对全球经济稳定和发展有着重要影响。

中美两国建交46年以来,双边经贸关系持续发展。中美贸易额从1979年的不足25亿美元跃升至2024年的近6883亿美元。中美经贸合作领域不断拓宽、水平不断提高,为两国经济社会发展、人民福祉提升作出重要贡献。

但是,近年来美单边主义、保护主义抬头,严重干扰中美正常经贸合作。2018年中美经贸摩擦以来,美方对超过5000亿美元中国输美产品加征高额关税,持续出台对华遏制打压政策。中方不得不采取有力应对措施,坚决捍卫国家利益。同时,中方始终坚持通过对话协商解决争议的基本立场,与美方开展多轮经贸磋商,努力稳定双边经贸关系。

2020 年 1 月 15 日,中美签署《中华人民共和国政府和美利坚合众国政府经济贸易协议》(即中美第一阶段经贸协议)。协议生效后,中方秉持契约精神,努力克服突如其来的疫情冲击及随之而来的供应链受阻、全球经济衰退等多重不利因素影响,推动落实协议。美方多次发布声明,肯定中方落实协议成效。反观美方,持续加严出口管制、加码制裁中国企业,数次违反协议义务。

美方近期先后发布"美国第一"贸易、投资政策备忘录和"美国第一"贸易政策报告执行摘要,对中国产品全面加征额外关税,包括以芬太尼等问题为由对中国加征关税、征收"对等关税"并进一步加征 50% 关税,还针对中国海事、物流和造船业提出征收港口费等 301 调查限制措施。这些以关税等为威胁、要挟的限制措施是错上加错,再次暴露了美方典型的单边主义、霸凌主义本质,既违背市场经济规律,更与多边主义背道而驰,将对中美经贸关系产生严重影响。中方已根据国际法基本原则和法律法规,采取必要反制措施。

美国对贸易伙伴采取的关税等经贸限制措施,使原有成熟的全球供应链产业链被人为切断,以市场为导向的自由贸易规则被打破,各国经济发展受到严重干扰,伤害包括美国在内的各国人民福祉,伤害经济全球化。

中方始终认为,中美经贸关系的本质是互利共赢。作为发展阶段、经济制度不同的两个大国,中美双方在经贸合作中出现分歧和摩擦是正常的,关键要尊重彼此核心利益和重大关切,通过对话协商找到妥善解决问题的办法。

为澄清中美经贸关系事实,阐明中方对相关问题的政策立场,中国政府特发布此白皮书。

一、中美经贸关系的本质是互利共赢

中美建交以来,双边贸易投资合作成果丰硕,实现了优势互补、互利共赢。中美两国间拥有广泛共同利益和广阔合作空间,维护中美经贸关系稳定发展,符合两国和两国人民的根本利益,也有利于全球经济发展。事实证明,中美合则两利、斗则俱伤,中美经贸合作是互利共赢的必然选择。

(一)中美是重要的货物贸易伙伴

双边货物贸易快速增长。根据联合国统计数据,2024 年中美双边货物贸易额达 6882.8 亿美元,是 1979 年建交时的 275 倍,是 2001 年中国加入世界贸易组织时的 8 倍多。目前,美国是中国第一大货物出口目的地国和第二大进口来源国,2024 年中国对美国出口、自美国进口分别占当年中国出口和进口总额的 14.7% 和 6.3%;中国是美国第三大出口目的地国和第二大进口来源国,2024 年美国对华出口、自华进口分别占美国出口和进口总额的 7.0% 和 13.8%。

美国对华出口增速明显快于其对全球出口。中国加入世界贸易组织以来,美国对华出口快速增长,中国成为美国重要的出口市场。根据联合国统计数据,2024 年美国对华货物出口额 1435.5 亿美元,较 2001 年的 191.8 亿美元增长 648.4%,远远高于同期美国对全球 183.1% 的出口增幅(图 1)。

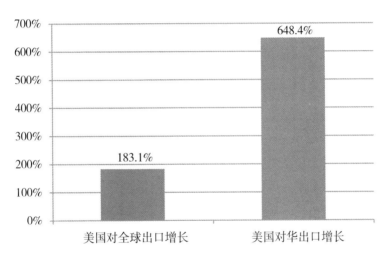

图 1:2001—2024 年美国对华及对全球货物出口增长率(%)
数据来源:联合国商品贸易统计数据库

中国是美国农产品、集成电路、煤、石油气、药品、汽车的重要出口市场。中国是美国大豆、棉花的第一大出口市场,集成电路、煤的第二大出口市场,医疗器械、石油气、汽车的第三大出口市场。根据联合国数据,2024 年美国出口中 51.7%的大豆、29.7%的棉花、17.2%的集成电路、10.7%的煤、10.0%的石油气、9.4%的医疗器械、8.3%的载人机动车都销往中国。

表1:2024年中国对美进出口前10大类商品（HS2位码）

出口商品	占比（%）	进口商品	占比（%）
第85章　电机、电气设备及其零件	24.0	第27章　矿物燃料、矿物油及其蒸馏产品	14.1
第84章　机器、机械器具及零件	17.6	第84章　机器、机械器具及零件	12.1
第94章　家具;寝具	6.0	第85章　电机、电气设备及其零件	11.1
第95章　玩具、游戏品、运动用品及其零件	5.1	第90章　光学、照相或外科用仪器及设备、精密仪器及设备	7.8
第39章　塑料及其制品	4.5	第12章　含油子仁及果实	7.7
第98章　特殊交易品及未分类商品	4.4	第87章　车辆及其零件、附件,但铁道及电车道车辆除外	5.5
第61章　针织或钩编的服装及衣着附件	4.0	第39章　塑料及其制品	4.9
第87章　车辆及其零件、附件,但铁道及电车道车辆除外	3.9	第88章　航空器、航天器及其零件	3.8
第73章　钢铁制品	2.7	第30章　药品	3.4
第62章　非针织或非钩编的服装及衣着附件	2.5	第38章　杂项化学产品	3.1

资料来源:中国海关总署

中美双边贸易互补性强。两国发挥各自比较优势,双边贸易呈互补关系(表1)。根据中国海关数据,2024年中国向美国出口前五大类商品为电机电气设备及其零附件、机械器具及零件、家具、玩具和塑料制品等,合计占比为57.2%。中国从美国进口前五大类商品为矿物燃料、机械器具及零件、电机电气设备及其零附件、光学仪器和大豆等含油子仁,合计占比为52.8%。机电产品在中美双边贸易中较为重要,产业内贸易特征较为明显。

(二)中美服务贸易保持快速增长

美国服务业产业门类齐全,具有较强国际竞争力。总体来看,随着经济不断发展和人民生活水平提升,中国对服务需求明显扩大,中美双方服务贸易快速增长。据美国商务部统计,2001—2023 年,中美服务贸易额由 89.5 亿美元扩大到 668.6 亿美元,增长了 6 倍(图 2)。根据中方统计,2023 年,美国是中国第二大服务贸易伙伴;据美方统计,中国是美国第五大服务出口目的地。

美国是中国服务贸易最大逆差来源地,逆差规模总体呈现扩大趋势。据美国商务部统计,2001—2023 年,美国对华服务出口额由 56.3 亿美元扩大到 467.1 亿美元,增长了7.3 倍;美国对华服务贸易年度顺差扩大 11.5 倍至 265.7亿美元(图 2),2019 年时更是高达 397 亿美元。2023 年,中国仍是美国服务贸易顺差最大来源国,占美国服务贸易顺差总额的9.5%左右,中国对美服务贸易逆差主要集中在旅行(含教育)、知识产权使用费和运输服务三个领域(表2)。

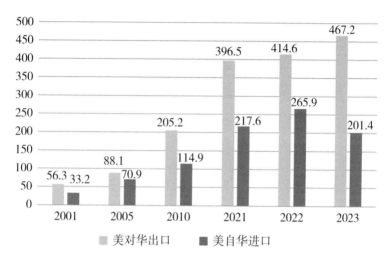

图2:美国对华服务进出口(单位:亿美元)

数据来源:美国商务部经济分析局(BEA)

表2:美国对华服务出口贸易主要构成 （单位:亿美元）

	2017 年	2018 年	2019 年	2020 年	2021 年	2022 年	2023 年
运输服务	54.6	57.0	55.3	31.0	35.4	33.5	39.2
旅行服务(含教育)	306.7	315.9	309.5	156.5	111.7	141.4	202.3
知识产权使用费	74.1	75.5	91.7	84.6	84.8	82.6	71.0
金融服务	40.1	46.8	49.9	45.3	44.8	42.0	41.8
ICT 服务	11.3	14.8	16.2	16.7	20.0	23.4	22.6
其他商业服务	35.9	37.7	38.1	41.9	56.1	54.9	53.5

	2017 年	2018 年	2019 年	2020 年	2021 年	2022 年	2023 年
个人文化相关服务	14.5	10.7	11.8	18.1	27.1	21.6	19.0
保险服务	6.4	4.1	3.1	3.2	3.3	3.2	3.4

数据来源:美国商务部经济分析局(BEA)

中国对美旅行服务贸易逆差不断扩大。根据美国商务部数据,2023 年中国赴美游客约 110 万人次,在美消费占美国对华服务出口总额的 14%,旅游、就医、留学仍是赴美服务贸易消费主项。根据美国商务部统计,美国对中国旅行服务(含教育)出口从 2001 年的 23.1 亿美元增长至 2023 年的 202.3 亿美元,扩大了 7.8 倍。

中国对美国支付知识产权使用费持续增长。2023 年,知识产权使用费仍是美国服务贸易主要收入来源(占比 13.1%)。据统计,美国从中国获取知识产权使用费占从亚太地区获取知识产权使用费总额的五分之一,占美国从全球获取知识产权使用费总额的 5%。

(三)中方从不刻意追求贸易顺差

中美货物贸易差额既是美国经济结构性问题的必然结果,也是由两国比较优势和国际分工格局决定的。中国并不刻意追求顺差,事实上,中国经常账户顺差与国内生产总值之比已从 2007 年的 9.9% 降至 2024 年的 2.2%。

中美经贸往来获益大致平衡。客观认识和评价中美双边贸易是否平衡,需要全面深入考察,不能只看货物贸易差额。在经济全球化深入发展、国际化生产普遍存在的今天,双边经贸关系内涵早已超出货物贸易范围,服务贸易和本国企业在对方国家分支机构的本地销售额(即双向投资中的本地销售)也应纳入。综合考虑货物贸易、服务贸易和本国企业在对方国家分支机构的本地销售额三项因素,中美双方经贸往来获益大致平衡(图 3)。

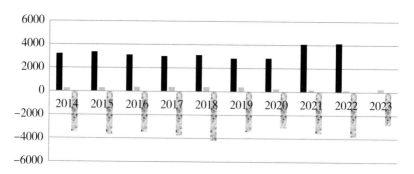

图 3:中美经贸往来获益大致平衡(2014—2023 年,亿美元)

数据来源:美国商务部经济分析局(服务贸易数据更新至 2023 年,分支机构收入数据更新至 2022 年)

根据美国商务部数据,2023年美国对华服务贸易顺差为265.7亿美元,美国在服务贸易方面占有显著优势;2022年美资企业在华销售额高达4905.2亿美元,远高于中资企业在美786.4亿美元的销售额,差额高达4118.8亿美元,美国企业跨国经营优势更为突出。

美国对华逆差占比下降,对全球逆差增加。根据美国商务部经济分析局数据,中国占美国货物贸易总逆差的比值已经连续6年下降,从2018年的47.5%降至2024年的24.6%,同期美国对其他国家和地区的逆差大幅增加。2024年美国货物贸易逆差总额达1.2万亿美元,同比增加13%,连续四年超过1万亿美元。

中国对外贸易具有大进大出特点,中美贸易亦是如此。中国在很多加工制成品出口中获得的增加值,仅占商品总价值的一小部分,而当前贸易统计方法是以总值(中国对美出口的商品全额)计算中国出口。如果以贸易增加值方法核算,美国对华逆差将大幅下降。

中方多措并举,积极扩大进口。积极扩大进口,是中国作为负责任大国的主动担当,是对世界经济发展的重要贡献。自2018年11月起,每年均在上海举办中国国际进口博览会,参展国家和意向成交金额逐年增长,累计意向成交金额超 5000 亿美元。2024 年,中国进口总额为 18.4 万亿元人民币,同比增长 2.3%,进口规模创历史新高,连续 16 年稳居全球第二大进口市场。

中国有序扩大自主开放和单边开放,超大规模市场潜力持续释放,为世界各国提供了更多机遇。2024 年,中国自共建"一带一路"国家进口 9.86 万亿元人民币,增长 2.7%,占进口总值的 53.6%。2024 年 12 月 1 日,中国给予所有已建交的最不发达国家 100% 税目产品零关税待遇,带动当月自相关国家进口增长 18.1%。当前和未来一段时间,中国进口增长空间巨大。预计到 2030 年,仅自发展中国家累计进口就有望超过 8 万亿美元。

积极扩大进口,也是中国推进高水平对外开放的重要内容。中国将有序扩大商品市场对外开放,落实好对所有已建交的最不发达国家 100% 税目产品零关税待遇,继续发挥进博会、广交会、服贸会、消博会等重要展会平台促进作用,推动培育国家进口贸易促进创新示范区,不断提升进口贸易便利化水平,挖掘进口潜力,把中国超大规模市场打造成为世界共享大市场,为全球经济发展注入新动能。

（四）中美互为重要双向投资伙伴

美国是中国重要外资来源地。根据中国商务部数据，截至2023年末，美国实际在华投资金额为982.3亿美元。2023年，美国在华新设投资企业1920家，实际投资金额33.6亿美元，较上年增长52.0%。

美国是中国重要的投资目的地，中国企业对美国直接投资快速和显著增长。根据中国商务部数据，截至2023年，中国对美直接投资存量约为836.9亿美元，覆盖国民经济18个行业门类，中国累计在美设立境外企业超5100家，雇佣外方员工超过8.5万人。中国还对美国进行了大量金融类投资，根据美国财政部数据，截至2024年12月，中国持有美国国债7590亿美元，是美国国债第二大外国持有者。

（五）中美均受益于双边经贸合作

国际贸易关系中，国与国通过基于比较优势的商品交换，实现自身价值，满足彼此需要，实现共同发展。作为全球体量最大的两个经济体，中美经贸合作为双方带来的经济利益巨大，两国企业和消费者通过双向贸易和投资获得了实实在在的利益。

中美经贸合作为美国创造了大量就业机会。根据美中贸易全国委员会2024年4月发布的报告,中国是美国商品和服务出口主要市场。就2022年的商品和服务出口总额而言,中国是美国3个州的最大出口市场,32个州的前三大出口市场以及43个州的前五大出口市场。据美中贸易全国委员会估算,2022年,美国对华出口在美创造了93.1万个美国就业岗位,排名居于第三位,仅次于加拿大和墨西哥,超过了日本和韩国两个亚洲市场支撑的美国就业岗位总和。

表3:2022年美国企业在华经营情况　　　(单位:亿美元)

	企业数*	总资产	总销售	增加值	资本支出	净资产	净收入
全球	37202	285184.6	81080.7	16445.1	1966.7	13525.5	13307.5
中国	1961	5168.1	4905.2	945.7	123.9	711.1	371.5

资料来源:美国商务部经济分析局(BEA)

企业数*:资产、销售或净收入2500万美元以上的企业数量

中美经贸合作为美国企业创造了大量商机和利润(表3)。中国拥有庞大的市场和不断升级的消费需求,例如,特斯拉在中国销量持续增长,2024年销量超过65.7万辆,同比增长8.8%,创下历史最高水平。十余家美资保险公司

在华设有分公司。高盛、运通、美国银行、美国大都会人寿等美国金融机构作为中国金融机构的战略投资者，均取得了不菲的投资收益。美国商务部 2024 年 8 月的统计显示，2022 年美国在华企业（拥有多数股权且资产、销售或净收入 2500 万美元以上）共 1961 家，总销售额 4905.2 亿美元，同比增长 4.3%。

中美经贸合作促进了美国产业升级。在与中国经贸合作中，美国跨国公司通过整合两国要素优势提升了国际竞争力。苹果公司在美国设计研发手机，在中国组装生产，在全球市场销售。特斯拉在华建立独资超级工厂，扩大产能，出口全球市场。中国承接了美国企业的部分生产环节，使得美国能够将资金等要素资源投入创新和管理环节，集中力量发展高端制造业和现代服务业，带动产业向高附加值、高技术含量领域升级，降低了美国国内能源资源消耗和环境保护的压力。

中美经贸合作给美国消费者带来了实实在在的好处。美国从中国进口大量消费品、中间品和资本品，支持了美国制造业供应链和产业链的发展，丰富了美国消费者选择，降低了生活成本，提高了美国民众特别是中低收入群体实际购买力。

中美经贸合作也为中国企业创造了大量商机和利润。美国是全球最大的消费市场和最成熟的资本市场,中国企业通过赴美投资,拓展销售渠道,增强品牌国际影响力,吸引全球客户和合作伙伴,还能更便捷地获得融资,支持企业快速发展。

美国在华企业在技术创新、市场管理、制度创新等方面为中国企业提供了经验,促进了中国企业加快转型升级,提高了行业效率和产品质量。

二、中方认真履行中美 第一阶段经贸协议

作为负责任大国,中方认真履行协议义务,保护知识产权、增加进口、扩大市场准入,为包括美资企业在内的各国投资者创造了良好的营商环境,参与分享中国经济的发展红利。

(一)不断完善知识产权保护

创新是引领发展的第一动力,保护知识产权就是保护创新。中方在保护商业秘密、保护药品知识产权、打击网络侵权、加严知识产权执法等方面多措并举,认真落实协议知识产权章相关承诺。

加强商业秘密保护。 2020 年 9 月,最高人民法院发布《关于审理侵犯商业秘密民事案件适用法律若干问题的规定》,最高人民法院、最高人民检察院发布《关于办理侵犯知识产权刑事案件具体应用法律若干问题的解释(三)》,

最高人民检察院、公安部发布《关于修改〈关于公安机关管辖的刑事案件立案追诉标准的规定〉的决定》。2020 年 12 月,全国人民代表大会通过刑法修正案。上述法规涵盖构成侵犯商业秘密的禁止行为范围界定、商业秘密盗窃犯罪行为界定、商业秘密盗窃案临时禁令申请、刑事调查启动门槛调整等。

完善药品知识产权保护制度。2020 年 10 月,全国人民代表大会常委会审议通过关于修改专利法的决定,增加了关于药品专利纠纷早期解决机制、专利权期限补偿制度的相关规定。2021 年 7 月,国家药监局、国家知识产权局联合发布《药品专利纠纷早期解决机制实施办法(试行)》,国家知识产权局发布《药品专利纠纷早期解决机制行政裁决办法》,最高人民法院发布《关于审理申请注册的药品相关的专利权纠纷民事案件适用法律若干问题的规定》,建立药品专利纠纷早期解决机制,保障制度有效落地实施。2023 年 12 月,国务院公布关于修改专利法实施细则的决定,国家知识产权局同步完成专利审查指南修改,就专利权期限补偿制度作出细化规定。此外,国家知识产权局在2021 年完成的专利审查指南修改中,进一步完善了补交实验数据的相关内容。

完善商标和地理标志保护制度。2019年4月,全国人民代表大会常委会审议通过关于修改商标法的决定,增加了规制商标恶意注册有关内容,加大对侵犯商标专用权的惩罚力度,大幅度提高了假冒注册商标行为人的违法成本。此后,国家知识产权局先后制定出台《规范商标申请注册行为若干规定》《商标侵权判断标准》《商标一般违法判断标准》等规定,持续打击商标恶意注册申请。2023年12月,国家知识产权局制定发布《地理标志产品保护办法》《集体商标、证明商标注册和管理规定》,进一步完善了地理标志保护的法律规则。

积极推动中美知识产权交流合作。与美方知识产权主管部门通过磋商工作计划、签署合作谅解备忘录等形式,深化在知识产权审查、专家交流、意识提升等各技术领域的互惠务实合作。以积极开放的态度与美资企业保持良好的沟通交流,倾听对于中国知识产权制度的意见和建议,协调解决企业在华的知识产权合理诉求。

加大力度打击网络侵权。2020年9月,最高人民法院发布《关于审理涉电子商务平台知识产权民事案件的指导意见》和《关于涉网络知识产权侵权纠纷几个法律适用问题的批复》,涉及快速下架、通知和反通知有效性等问题。

2020年11月，全国人民代表大会常务委员会通过著作权法修正案，包括增加对著作权侵权的民事救济等条款。2021年8月，市场监管总局发布《关于修改〈中华人民共和国电子商务法〉的决定（征求意见稿）》，修改通知和下架制度的程序和处罚条款。

加强知识产权执法。2020年8月，市场监管总局等发布《关于加强侵权假冒商品销毁工作的意见》，国务院修改《行政执法机关移送涉嫌犯罪案件的规定》，要求涉及知识产权犯罪案件由行政执法机关移送公安机关。中方还不断加强侵权假冒执法行动。2024年，市场监管部门组织开展知识产权执法等专项行动，进一步加强重点领域、重点商品、重点市场治理，各类专项行动共查处案件近67.5万件，其中商标侵权、假冒专利案件4.39万件，针对侵权假冒高发多发的重点实体市场开展执法行动约8.8万次。海关总署进一步加强知识产权保护执法力度，以专项行动为抓手，在进出口环节保持打击侵权高压态势，全年扣留侵权嫌疑货物4.16万批、8160.51万件。

（二）禁止强制技术转让

中方坚决反对任何形式的强制技术转让，始终以互利共赢作为基本价值取向开展国际技术合作,鼓励和尊重中外企业按照市场原则自愿开展技术转让和许可,为中外技术持有者通过技术转让与许可获得收益提供良好市场环境,也为促进全球科技进步和国际经贸发展提供支撑。美方将外商投资企业与中国企业进行技术合作,共同在中国市场上获得商业回报的自愿契约行为称为"强制技术转让",与事实不符。

从法律层面明确禁止强制技术转让。2019年3月出台的外商投资法规定,"行政机关及其工作人员不得利用行政手段强制转让技术"。2019年4月修订发布的行政许可法规定,"行政机关及其工作人员不得在实施行政许可过程中,直接或者间接要求转让技术"。2019年12月出台的外商投资法实施条例进一步细化上述规定,禁止任何形式的强制技术转让。

全面强化行政机关及工作人员保密责任。中国法律明确规定,行政机关及其工作人员应当对履职过程中知悉的外国投资者、外商投资企业的商业秘密予以保密。外商投资法规定,"行政机关及其工作人员对于履行职责过程中知悉的外国投资者、外商投资企业的商业秘密,应当依法予以保密,不得泄露或者非法向他人提供";行政机关工作人员"泄露、非法向他人提供履行职责过程中知悉的商业秘密的,依法给予处分;构成犯罪的,依法追究刑事责任"。行政许可法也就此作出了类似规定。

不断扩大市场开放和投资准入。中方坚持优化市场环境,扩大外资投资准入,增加外国企业在中国投资的选择权、自由度,为外国企业自愿按照市场原则与中国企业开展技术合作创造了良好条件。中方确立外资准入前国民待遇加负面清单管理制度,以方便快捷的信息报告制度代替了外商投资企业设立及变更"逐案审批"制度。中方还连续推出系列鼓励外资投资举措,持续完善外商投资环境。2024年,中共中央办公厅、国务院办公厅发布《关于完善市场准入制度的意见》,要求"加强内外资准入政策调整协同,在不减损现有经营主体准入机会的前提下,坚持国民待遇原则",在中央层面进一步完善市场准入制度建设、优化准入环境、提升市场准入效率。

(三)扩大食品和农产品市场准入

农产品是中美双边贸易的重要内容,关系两国众多的市场主体。中方克服疫情困难信守承诺,扩大农产品采购。2020年11月美国政府发布报告,认为美对华农产品出口已恢复正常。美农业部和贸易代表办公室 2020 年发布评估报告,认为中美第一阶段经贸协议正在为美国农业带来历史性成果。

按照协议规定,自 2020 年 2 月起,中方对美国部分农产品发布解禁公告,有条件恢复美牛肉、禽类、乳制品等贸易。具体包括:有条件解除对美国 30 月龄及以上牛肉及牛肉产品的禁令,允许超 600 家美国企业对华出口牛肉产品;解除对美国含反刍动物成分宠物食品、禽类和禽类产品进口限制,允许符合中国法律法规要求的美国含反刍动物成分宠物食品以及禽类产品进口;允许美国超 300 家企业对华出口婴儿配方乳粉、巴氏杀菌乳和其他乳制品;完成美国食用乳渗透物粉的审批,允许美国食用乳渗透物粉进口;通过签署检疫准入协议,允许美国加工用马铃薯、鳄梨、油桃、蓝莓、大麦、苜蓿颗粒和草块、扁桃壳颗粒以及梯牧草干草等 8 种产品对华出口。

(四)扩大金融服务业市场准入

中方自主开放政策惠及包括美资在内的各国金融机构,多家美资金融机构顺利准入并展业。摩根大通、高盛在华设立外商独资证券公司,摩根士丹利获得其在华合资证券公司控股权（持股94%）。摩根大通期货、摩根士丹利期货成为外资全资控股期货公司。贝莱德、富达、路博迈、摩根大通、摩根士丹利、联博等获批设立外商独资基金管理公司。标普、惠誉等国际评级公司进入中国市场开展评级业务。美国运通和万事达卡在华合资子公司连通公司和万事网联获批银行卡清算业务许可，均已顺利开业。

中方陆续推出超过50条金融业自主开放措施，大幅放宽金融服务业外资市场准入限制。

——完全取消外资持股比例限制。2018年，取消中资银行和金融资产管理公司外资持股比例限制，实施内外资一致的股权投资比例规则。《外商投资证券公司管理办法》《外商投资期货公司管理办法》《外资保险公司管理条例实施细则》等法律先后修订，将证券、基金管理、期货、人身险领域外资持股比例上限放宽至51%，2020年起不再设限。明确允许外资进入征信、评级、支付等领域，并给予国民待遇。

——大幅扩大外资业务范围。允许外国银行开业即可开展人民币业务。不再对外资证券公司和保险经纪公司业务范围单独设限，实现内外资一致。允许外资经营保险代理业务和保险公估业务。放宽外资机构获得非金融企业债务融资工具主承销商、基金托管等具体业务资质的要求。

——放宽外资股东资质要求。取消外国银行来华设立法人银行的 100 亿美元总资产要求和外国银行来华设立分行的 200 亿美元总资产要求,取消外资保险机构准入需开设 2 年代表处和 30 年经营年限的要求等,不再要求合资证券公司境内股东至少有一家是证券公司。

(五)保持人民币汇率在合理均衡水平上基本稳定

中国维护多边主义、尊重多边共识,一直恪守多边承诺,不搞竞争性贬值,实行以市场供求为基础、参考一篮子货币进行调节、有管理的浮动汇率制度,履行了协议约定。

坚持市场化汇率改革方向。不断完善人民币汇率市场化形成机制。坚持汇率主要由市场供求决定,退出常态化外汇干预。有序扩大汇率浮动区间,增强人民币汇率弹性,银行间即期外汇市场人民币兑美元交易价日浮动幅度从 2007 年的千分之三逐步扩大至目前的百分之二。提高汇率中间价报价的规则性和市场化水平,由外汇市场主要参与银行作为报价行,参考上日银行间外汇市场收盘汇率,综合考虑外汇供求情况以及国际主要货币汇率变化进行报价。

持续深化外汇市场发展。出台多项措施提高涉外企业和个人跨境贸易投融资便利化,丰富外汇市场产品体系,扩展外汇市场参与主体,推进外汇市场对外开放,完善外汇市场基础设施,逐渐形成了功能完善的多层次外汇市场体系,市场主体多元化外汇需求得到更好满足。目前,中国银行间外汇市场可交易货币超过 40 种,交易品种涵盖远期、外汇掉期、货币掉期和期权等国际外汇市场主流产品体系,2024 年银行间外汇市场交易量达 41.14 万亿美元。外汇市场韧性显著增强,市场参与者适应人民币汇率双向波动的能力不断提升。2024 年,企业利用远期、期权等外汇衍生品管理汇率风险的外汇套期保值比例达到 27%。

汇率政策立场清晰透明。通过新闻发布会、货币政策委员会例会会议纪要、货币政策执行报告等多种途径,明确宣示中国货币政策立场。按照国际惯例,定期公布央行资产负债表、外汇储备规模、国际收支平衡表、国际投资头寸表等数据,提高汇率政策的透明度。

人民币汇率市场化改革成效显著。人民币汇率市场化水平不断提高,汇率弹性不断增强,双向波动成为常态。人民币汇率在合理均衡水平上保持了基本稳定,中国国际收支更趋平衡。2020年以来,衡量人民币对一篮子货币汇率的中国外汇交易中心人民币汇率指数总体运行在100附近,在国际主要货币中保持相对强势,不存在竞争性贬值。人民币汇率年化波动率保持在3%—4%左右,与国际主要货币波动率基本相当,较好发挥了宏观经济和国际收支自动稳定器的作用。2024年中国的经常项目顺差占国内生产总值的比例为2.2%,处于国际公认的合理范围内。

(六)积极扩大贸易规模

中方结合国内市场需要,基于市场化、商业化原则和世界贸易组织规则,积极推进解决协议执行过程中的问题,支持相关企业扩大自美进口,相关协议采购义务已于2021年底自然到期。

对美加征关税商品市场化采购排除。中方根据境内企业申请,对符合条件、按市场化和商业化原则自美采购的进口商品,一定时期内不再加征对美301措施反制关税,为相关企业自美进口创造便利条件。比如,将油气、煤炭等纳入可申请排除的商品范围,支持相关企业自美进口相关能源产品。2020年、2021年中方以美元计价的自美能源产品进口额比上年分别增长144.5%、114.7%。

中方扩大自美进口取得了积极成效。根据中方统计，2020 年在中方以美元计价的整体商品进口比上年下降 0.6% 的情况下，自美货物进口实现了 10.1% 的增长；2021 年自美货物进口比上年增长 31.9%、也高于 30% 的整体进口增速；自美货物进口额占中方货物进口总额比重由 2019 年的 5.9% 提高至 2021 年的 6.7%。根据美方统计，2020 年在美方整体货物出口比上年下降 13.4% 的情况下，对华货物出口增长 15.9%；2021 年对华货物出口也实现了 21.9% 的高增长；对华货物出口额占美方货物出口总额比重由 2019 年的 6.5% 提高至 2021 年的 8.6%。

在中方履约过程中，面临因美方原因导致的多重障碍。美相关产品产能有限，对华出口能力不足。2020 年，美国波音公司飞机产量仅相当于 2019 年的 40% 左右，对中方的交付带来较大影响。2019 年度美国小麦在生长及收获期遭遇不利天气，出现了较为严重的麦角和呕吐毒素超标问题，符合中方食品卫生及检疫标准的小麦数量有限，影响了 2020 年的对华小麦出口。

美基础设施不足导致运输成本增加。例如，美墨西哥湾港口大多无法直接靠泊超大型油轮（30 万吨 VLCC），需中型油轮（10—20 万吨）转运加注，导致美原油运输至中国成本较中东高出 2 倍,价格国际竞争力相对较弱。

美方部分产品在价格、安全等方面竞争力不强,影响中方企业市场化进口意愿。相较于美国大豆,南美大豆价格优势更为明显;美国牛肉价格较南美高 50% 左右;美国大米在质量、外观、口感、价格等方面相对于东南亚相关国家大米的竞争力不强,2020 年 2 月美国大米进口价格比泰国米、越南米每吨分别高出 3000 元、3500 元左右。再比如,2018 年、2019 年波音主力机型 B737MAX 接连发生坠机等严重事故,包括中国、美国在内的全球大部分国家均对此机型采取了停飞措施,对飞机贸易造成了较大影响。

美方原因导致中美国际物流受到影响。美国港口等基础设施处于紧平衡状态,受疫情影响,铁路、港口、集装箱卡车等供应链诸多环节难以适应,美国主要港口出现严重拥堵,且内陆集疏运体系发生梗阻,造成货物大量积压。根据上海航运交易所公布的全球主要集装箱港口运行数据,2021 年,美国洛杉矶港、长滩港的集装箱船舶平均在港时间(包括锚地待泊和码头作业时间)分别为 11.1 天和 10.6 天(疫情前分别为 4.3 天和 4.7 天),同期中国上海港、深圳港的船舶平均在港时间分别只有 2.96 天和 2.33 天。

（七）就协议事项与美方保持务实沟通

2020 年至 2021 年，中方在各层级与美方就双边经贸关系、协议执行具体问题保持密切沟通，高效推进相关工作，充分体现了中方履约诚意。双方在上述时期内未启动争端解决机制。根据协议约定，高层沟通方面，中美双方先后进行 6 次通话，就宏观经济形势、双边经贸关系、多双边合作等议题进行交流，整体把握协议情况。日常工作方面，中美双方举行 5 次副部级季度会议、14 次司局级月度会议和磋商，重点就扩大贸易、食品和农产品贸易、知识产权、金融服务等事项进行沟通，并通过工作层会谈和电子邮件方式保持常态性联系，具体推动双方关切问题的解决。

根据协议约定，协议于 2020 年 2 月 15 日正式生效。同时，中方为实施协议所拟采取的所有建议措施均提供了不少于 45 天的公众评论期，充分吸收国内外意见建议，妥善回应各界合理诉求关切。

三、美方违反中美第一阶段 经贸协议有关义务

中美第一阶段经贸协议签署后，美方持续升级对华经贸及其他领域遏压，出台出口管制、投资限制等一系列对华打压限制措施，违反协议精神。同时，美方持续炒作人权、涉港、涉台、涉疆、疫情等议题，剧烈冲击中美关系和中美经贸关系，阻碍双边正常贸易和投资活动，破坏协议执行的氛围与条件。

（一）未落实协议技术转让章承诺

协议技术转让章规定，"对于收购、合资或其他投资交易，任何一方都不得要求或施压对方个人向己方个人转让技术"。美国出台《保护美国人免受外国对手控制应用程序影响法》，以所谓"保护美国国家安全"为借口，强制要求TikTok出售、剥离，干涉企业正常运营，威胁投资者技术安全和商业利益。美方违背市场经济基本原则，不尊重并损

害了企业正当合法利益。

同时,美方以维护"国家安全"为名,发布对外投资限制规则,限制美国企业正常对外投资,导致中美两国企业在半导体和微电子、量子信息技术、人工智能等领域的投资合作难以顺利进行。2025年2月,美国还发布"美国第一"投资政策备忘录,宣布将调整美投资政策,重点进一步限制与中国的双向投资,将对中美投资合作造成严重干扰。

(二)未完全落实协议食品和农产品贸易章承诺

协议规定,"在收到中国关于评估中国禽类疫病无疫区认定的正式要求及相关配套信息后,美国农业部动植物卫生检疫局应在30日内启动该项评估。"但美方始终以不符合美国无疫状态认可要求为由,不认可山东无高致病性禽流感区无疫状态。2020年11月2日,中方已正式将《胶东半岛无高致病性禽流感区无疫认证材料》提交美方。根据世界动物卫生组织《陆生动物卫生法典》10.4章,一个国家或地区实现禽流感无疫状态的途径包括免疫和非免疫。2022年8月,中国山东全省建成无高致病性禽流感区,其建设和管理均符合《陆生动物卫生法典》相关规定。自建成以来,中方持续开展包括病原学在内的各类监测工作,能够证明其维持无疫状态。中方也已切实履行协议,认可了美国无疫状态,在发生疫情后不再对美国输华家禽及禽产品发布全面贸易禁令。但美方以高致病性禽流感免疫无疫区不属于无疫区为由,拒绝开展无疫状态认证,此举未对等履行协议,也不符合世界动物卫生组织关于禽流感无疫状态相关原则。

协议规定,"双方有意在与农药相关的潜在合作领域进行技术磋商,包括农药登记和试验数据,及讨论最大残留限量制定",但美方未对中方提出的共同推进农药领域合作作出积极回应。中国是美国农药进口第一大来源地,美国是中国第二大农药出口市场,尽早实现农药登记试验数据互认,符合贸易便利化需求,可以减少不必要的重复性试验,降低农药登记成本,是中美双方农药企业的共同诉求,有利于促进中美农药创新发展。中方持续加强与美方沟通,争取尽早启动中美农药领域技术磋商。2020年12月以来,中方多次通过美驻华大使馆表示,希望美方尽快反馈,同中方建立沟通机制,共同推进农药领域合作,但美方始终未作出任何答复。

美方在协议中承诺,尽快完成对中国产禽肉、柑橘、鲜枣、香梨等农产品的进口监管通报程序。但美方未对等给予协议所涉农产品关税排除措施,阻碍了中国农产品实质性输美。相关产品未在美方加征关税排除清单之内。2025年美方又以芬太尼等问题为由,对所有中国输美产品加征20%关税,还加征34%所谓"对等关税",并进一步加征50%关税,导致相关产品对美出口进一步受限。中国输美水产品和乳制品被美方自动扣留。中国海关总署多次请美国食品和药物管理局尽快明确双方下一步解除自动扣留的合作方向,以便尽早推动工作,但美方始终未明确下一步解决路径。

(三)未完全落实协议金融服务、汇率相关承诺

近年来,美方泛化国家安全概念,出台了一系列对华投融资限制措施,加剧了中美经贸关系紧张局势,干扰了中美两国正常经贸合作,严重影响了中资金融机构在美投资展业意愿。同时,一些中资金融机构在美展业仍面临歧视性待遇,美方做法违背了公平竞争原则。

协议规定,如果双方在解决汇率问题方面出现分歧,由中国人民银行和美国财政部在磋商中建立的双边评估和争端解决安排框架下解决;如果不能解决,则请国际货币基金组织在其职责范围内协助解决。这些条款为双方解决分歧提供了明确的路线。但协议签署后,美国商务部出台新规,

将汇率低估纳入反补贴调查,并在一些产品的反补贴案件中引入所谓"人民币汇率低估"项目。美方此举既不符合世界贸易组织规则,也不符合协议承诺。

(四)未为中方扩大采购和进口
提供合理便利条件

美方对华出口管制、打压制裁等不合理措施,给协议执行造成严重的负面影响。2020 年以来,美方违反协议精神,出台多项不合理的对华经贸限制措施,实施了一系列不恰当的对华出口管制措施,并频频通过实体清单等对大量中方企业进行无理打压制裁,严重破坏了中美经贸合作氛围,极大影响了中方自美进口相关商品和服务。例如,美国 2022 年 10 月出台措施,全面升级对华芯片、半导体设备出口管制,当年中国自美进口的半导体和半导体制造设备的金额(以美元计价)分别下降了 23% 和 17.9%。美方捏造所谓"强迫劳动"问题,通过了"维吾尔强迫劳动预防法",污蔑和抹黑中国企业、中国商品,限制进口中方相关棉制品,间接影响了中方相关企业自美进口棉花。

近年来,在美持续对华遏制打压背景下,加之新冠疫情对全球经济和贸易活动的严重影响,事实上中方完全可以按照协议第7.4条第四款规定,书面通知美方并退出协议;也可以根据第7.6条第一款规定,与美方启动不可抗力条款磋商。但中方从维护中美关系和中美经贸关系大局、维护两国企业和民众切身利益角度出发,并未启动相关行动,而是重信守诺,克服各种困难履行协议安排,充分展现了中方的诚意。协议签署以来,美方迄未通过争端解决机制对中方提出申诉。

四、中国践行自由贸易理念，认真遵守世界贸易组织规则

自 2001 年加入世界贸易组织，中国开启了深度参与经济全球化的进程，改革开放也进入了历史新阶段。中国积极践行自由贸易理念，切实提升贸易政策的稳定性、透明度和可预见性，大幅开放市场，为维护多边贸易体制有效性权威性作出积极贡献。

（一）全面加强贸易政策合规工作

加入世界贸易组织以来，中国全面履行加入承诺，遵守和执行世界贸易组织规则，完善基于规则的市场经济法律法规，构建符合多边贸易规则的法律体系。加入世界贸易组织后，中国大规模开展法律法规清理修订工作，中央政府清理法律法规和部门规章 2300 多件，地方政府清理地方性法规 19 万多件，覆盖贸易、投资和知识产权保护等各方面。

为落实中共十八届三中全会关于坚持世界贸易体制规

则、构建开放型经济新体制的要求,2014 年国务院办公厅印发《关于进一步加强贸易政策合规工作的通知》,商务部配套发布《贸易政策合规工作实施办法(试行)》,要求各级政府在拟定贸易政策过程中对照世界贸易组织协定及中国加入承诺进行合规性评估。2024 年中共二十届三中全会提出,建立同国际通行规则衔接的合规机制,优化开放合作环境。2025 年 3 月国务院办公厅印发《关于进一步加强贸易政策合规工作的意见》,提出将合规评估作为贸易政策出台前的必要前置环节,国务院部门、县级以上人民政府及其部门在贸易政策制定过程中,应按照"谁制定、谁评估"原则,对拟出台的政策措施开展合规评估,使其符合世界贸易组织规则和中国加入承诺。

(二)切实履行加入世界贸易组织降税承诺

中国在加入世界贸易组织时,作出了广泛而大幅度的降税承诺。中国政府履约践诺,截至 2010 年,中国货物降税承诺全部履行完毕,关税总体水平从 2001 年的 15.3%降低到 9.8%。就世界贸易组织约束税率而言,中国 9.8%的关税总水平已经非常接近发达成员的平均约束税率(9.4%)。

中国奉行互利共赢的开放战略,近年来主动扩大进口,多次大幅自主降低进口关税税率。2023 年 7 月,随着信息技术协定扩围产品完成第八步降税,中国关税总水平进一步下降至 7.3%。2024 年,中国进一步宣布对原产于同中国建交的最不发达国家 100%税目产品适用税率为零的特惠税率。这充分展示了中国坚定推进对外开放、融入全球经济的努力。中国较低的关税水平,不仅为全球优质商品提供了广阔市场机遇,也为国内消费者提供了多样性选择,促进了全球产业链供应链发展,推动了全球贸易投资自由化和经济全球化进程。

(三)在世界贸易组织规则范围内
合规合理提供补贴

补贴是发展中成员实现联合国可持续发展目标和世界贸易组织关于促进包容性发展、提高生活水平等总目标的重要政策工具。世界贸易组织秘书处和其他国际机构 2022 年 4 月发布联合报告指出,补贴在所有产业部门都普遍存在,不同发展阶段的国家均在使用补贴政策。

中国在加入世界贸易组织时即承诺,不对农产品维持或提供任何出口补贴,在农业国内支持和产业补贴领域也作出了超出一般发展中成员的承诺。入世以来,中国严格遵守世界贸易组织各项补贴纪律,及时向世界贸易组织提交补贴通报。2023年6月,中国提交2021—2022年补贴政策通报,涉及中央69项和地方385项补贴政策,实现省级行政区域全覆盖。2024年7月,中国提交2022年农业国内支持通报,通报年份与美国等主要发达成员基本相当(美国为市场年2022/2023、欧盟为市场年2021/2022)。

中国致力于建立完善符合国际惯例的财政补贴体系,推动产业政策由差异化、选择化向普惠性、功能性转变。中国政府更多采用公共服务、技术标准、技能培训等市场化、引导性间接手段,重点支持技术研发创新、中小企业发展、绿色节能、公共服务体系建设等市场失灵领域,实现对行业内企业的普惠支持,激发经营主体活力,促进公平竞争,完善社会主义市场经济体系。例如,对符合条件的个体工商户和小型微利企业,在个人所得税、企业所得税、资源税、房产税、城镇土地使用税等方面落实好优惠政策。

为更好发挥补贴对促进发展的作用,中方对世界贸易组织框架下讨论产业补贴问题持开放态度。同时,相关讨论需要确定讨论方向、目标、形式和边界,避免泛化为国家干预或产业政策的宏观性讨论,更不能触及成员经济制度和发展模式。

一些人炒作所谓"中国产能过剩论",指责中国因宏观经济失衡以及补贴等"非市场经济行为"出现"产能过剩",冲击了国际市场,损害了其他国家的就业和供应链韧性。中方认为,所谓"中国产能过剩论"有悖常理和常识。从市场经济原理看,供给和需求是市场经济内在关系的两个基本方面。供需平衡是短期的相对的,不平衡是普遍的动态的。从国际贸易往来看,国际贸易的产生和发展就是各国基于比较优势、进行国际分工合作,从而有效提升全球经济效率和福祉。以"产能过剩"等为借口,对中国产品出口、投资合作设限,实际是赤裸裸的贸易保护主义,是对全球市场的人为干预和割裂,必将破坏全球产供链稳定,造成重复建设和产能过剩。通过"扣帽子""贴标签"搞限制,只会妨碍合作,最后也不会得到想要的结果。

(四)持续优化营商环境

中共二十届三中全会强调,充分发挥市场在资源配置中的决定性作用,更好发挥政府作用;保证各种所有制经济依法平等使用生产要素、公平参与市场竞争、同等受到法律保护,促进各种所有制经济优势互补、共同发展;清理和废除妨碍全国统一市场和公平竞争的各种规定和做法。中国政府通过系统性改革同国际规则接轨，持续优化营商环境，为全球企业提供了更加透明、公平、可预期的营商环境。

持续扩大外资准入。2017年7月在全国范围内实施外商投资准入负面清单管理制度。2019年颁布外商投资法，规定对外商投资施行准入前国民待遇加负面清单模式，以立法形式确立了"内外资一致"原则，同时禁止强制技术转让，强化知识产权保护，为外资企业提供了法律层面的确定性。进一步优化外商投资环境，加大吸引外商投资力度，保障外资企业参与政府采购活动、支持外资企业平等参与标准制定，确保外资企业平等享受支持政策，进一步提振了外商投资信心。2017年至2024年，全国外资准入负面清单由93条缩减至29条，制造业领域外资准入限制全面取消。2024年，中国相继扩大增值电信、医疗等领域开放试点，服务业外资准入不断放开。实施《2025年稳外资行动方案》，释放了进一步对外开放的积极信号，同时积极开展外商投资促进工作，切实解决外资企业关切的问题。

营造公平竞争市场环境。2022年，中国出台关于加快建设全国统一大市场的意见，明确提出要全面清理歧视外资企业和外地企业、实行地方保护的各类优惠政策。2024

年6月中国国务院发布《公平竞争审查条例》，明确要求政策措施未经批准不得含有影响生产经营成本的内容，包括不得给予特定经营者税收优惠、特殊的财政奖励或补贴以及在要素获取、行政事业性收费、政府性基金、社会保险费等方面优惠。中国政府持续开展特殊的财政奖励或补贴等相关优惠政策的清理工作，加快形成与国际规则接轨的制度，促进社会经济高质量发展。

在税收领域公平对待内外资企业。近年来，中国有序推进税制改革工作，加快落实税收法定原则，优化完善税制结构，更好发挥税收在推动高质量发展、促进社会公平正义等方面的重要作用。

——内外资企业税收"一视同仁"。对境内所有企业，不区分所有制，执行统一税法、适用同样税率。符合条件的外商投资企业和项目均可按规定享受相关税收优惠支持政策。

——进口和国产货物"一视同仁"。根据世界贸易组织有关规则及国内有关法律法规，中国对进口货物征收一定关税。除此之外，为体现税负公平原则，还在进口环节征收增值税、对部分消费品征收消费税，其中增值税可在后续交易链条中予以抵扣，税负层层向下游转嫁。对于国产产品,则在生产、流通等各环节征收增值税,对部分消费品在生产、流通中的部分环节征收消费税。进口和国产货物征收范围和适用税率完全一致,不存在任何"歧视"。中国、欧盟、日本、韩国等多个经济体均实行流转税制度,在进口环节征收增值税或消费税,这既符合税制原理,也符合国际规则,是相关国家通行的常规做法。美国未实施流转税制,以销售税等直接税为主,直接向交易链条最终端的消费者征收,进口商自然无需缴纳。这样的差异是因各国税制不同形成的,并不意味着中、欧、日、韩等对进口货物征收了额外的"歧视性""域外"税收,更不应以此为由对相关国家商品加征额外关税。

——中外公民个人所得税"一视同仁"。对外籍人员在本国境内工作取得的收入征收个人所得税属于国际惯例。根据中国个人所得税法,居民个人需就境内外所得缴税,非居民个人仅就境内所得缴税。区分居民和非居民的标准为在中国境内是否有住所,或者无住所而一个纳税年度在中国境内居住的天数是否满 183 天,而非是否为中国国籍。同时,中国对外籍个人给予了有关津贴免税等支持政策。

积极推动数字贸易发展。在全国设立 12 个国家数字服务出口基地,出台支持基地创新发展的政策措施。2015年至今,先后在全国范围设立了 165 个跨境电子商务综合试验区,覆盖 31 个省份,实现产业数字化和贸易数字化融合发展。中国依法管理互联网,欢迎遵守中国法律法规和提供安全、可靠的产品和服务的各国互联网企业来中国发展。2024 年,中国发布关于数字贸易改革创新发展的意见,进一步推动数字贸易制度型开放,包括放开数字领域市场准入、促进和规范数据跨境流动和打造数字贸易高水平开放平台等。在数据跨境流动领域,2024 年中国结合数据出境安全管理工作实际,颁布《促进和规范数据跨境流动规定》,进一步优化数据跨境流动监管环境,并授权自由贸易试验区可自行制定数据跨境流动负面清单。天津、上海、北京自由贸易试验区率先试点"数据跨境流动负面清单",明确受限数据边界,降低企业合规成本,提高政策可预期性。

五、单边主义、保护主义损害双边经贸关系发展

美国作为二战结束后国际经济秩序和多边贸易体制的主要建立者和参与者，本应带头遵守多边贸易规则，在世界贸易组织框架下通过争端解决机制妥善处理与其他世界贸易组织成员之间的贸易摩擦，但美近年来奉行单边主义和经济霸权主义，搞所谓"小院高墙""脱钩断链"，四面出击挑起经贸摩擦，不仅损害了中国和其他世界贸易组织成员利益，更损害了美国自身国际形象，动摇了全球多边贸易体制根基，最终必将损害美国长远利益。

（一）取消中国永久正常贸易关系地位损害中美经贸关系根基

2025 年 4 月，美国白宫发布"美国第一"贸易政策报告执行摘要，称已详细评估国会关于取消中国永久正常贸易关系地位的法案，并据此向总统提出建议。事实上，永久正

常贸易关系地位(即永久给予最惠国待遇)是中美经贸关系的核心基础,如果美国推动取消中国最惠国待遇,将违反世界贸易组织规则,严重破坏中美关系和全球经贸秩序,是典型的单边主义和贸易保护主义做法。

取消最惠国待遇严重违反世界贸易组织规则。世界贸易组织规则要求世界贸易组织成员无条件地给予其他世界贸易组织成员最惠国待遇,这一要求具有法律强制约束力。2018年,美国政府单方面根据其国内法,宣布对中国有关产品加征301关税,随后又相继在投资、技术出口等领域对中国采取一系列严格的单方面限制措施。美国的相关做法违反世界贸易组织最惠国待遇的要求,其中,301加征关税措施已被世界贸易组织专家组裁决违规。取消最惠国待遇的做法,无论是通过美国国会立法还是采取其他任何国内法律手段,都直接违反美国在世界贸易组织下应承担的义务,是赤裸裸的单边主义和贸易保护主义。

取消最惠国待遇严重破坏中美经贸关系和全球经贸秩序稳定。永久正常贸易关系是20多年来中美经贸关系稳定的基础,对中美两国间经贸往来乃至全球经济发展均具有深远和积极的影响。取消永久正常贸易关系,将使中美经贸关系重新回到 2001 年中国加入世界贸易组织以前缺乏确定性和可预期性的状态,甚至将导致中美经济"脱钩断链"。取消最惠国待遇,将大幅恶化中美经贸环境,服务贸易、知识产权、双向投资、技术管制、人员往来等其他各经贸领域也将受到影响。此外,取消一个世界贸易组织成员的最惠国待遇,将从根本上破坏世界贸易组织最惠国待遇原则,动摇以非歧视为基本价值取向的多边贸易体制的基础,将对多边贸易体制和全球经贸秩序造成严重破坏。

中国坚决反对以单边主义、保护主义破坏多边贸易体制。以世界贸易组织为核心的多边贸易体制是国际贸易的基石,是人类文明发展的重要成果之一,而最惠国待遇是多边贸易体制的一项基本原则。中国始终坚定支持和维护多边贸易体制。历史和现实表明,以规则为基础的多边贸易体制符合各国共同利益,单边主义、保护主义破坏全球产业链、供应链和价值链,威胁世界经济稳定和发展。中国一贯反对以单边主义、保护主义破坏多边贸易体制的做法,希望美国正视取消最惠国待遇可能带来的恶劣影响,与广大世界贸易组织成员相向而行,共同维护公正合理的国际经贸秩序和国际贸易环境。

（二）美方泛化国家安全概念
阻碍两国正常经贸合作

美国政府不断以国家安全为由，将经贸问题政治化，出台各类经贸限制政策和措施。限制范围持续扩大，制裁力度不断加强。2024 年 9 月，美中贸易全国委员会发布的 2024 年《中国商业环境调查》显示，美国对华出口管制、制裁和投资审查成为美资企业在华面临的主要挑战之一。

贸易方面，美方宣称，持续存在的贸易逆差对美经济和国家安全构成严重威胁。美方还以国家安全为由，通过加强出口管制、扩大对华制裁、关闭美国市场等多种单边措施，频繁加强对中国集成电路以及通信企业的限制。2025 年 1 月，美国商务部发布《保障信息和通信技术与服务供应链安全：网联车》最终规则，称中国网联车软硬件及整车"不安全"，限制其进入美国市场；同月，美国商务部宣布对中国等国无人机系统启动信息通信技术与服务国家安全风险调查。美方还称将扩大有关信息通信技术与服务的调查范围，以涵盖所谓"对手国家"控制的先进技术。

投资方面，美方出台"外国投资风险评估现代化法"及其配套行政制度，扩大美国外国投资委员会的审查权，限制中国企业在关键技术、关键基础设施、敏感数据等领域的对美投资。2025 年 1 月,美国对外投资审查最终规则生效,全面限制美国资金、企业投资中国半导体和微电子、人工智能和量子信息技术领域。2 月,美国发布"美国第一"投资政策备忘录,提出将美对华投资限制领域从半导体和微电子、量子信息技术和人工智能等领域扩大至生物技术、超高音速、航空航天、先进制造和定向能等领域,进一步加严中国对美国"战略行业"投资的限制。

美方实施的一系列贸易和投资限制措施不仅增加企业合规成本,严重阻碍两国正常经贸合作,还影响全球产业链和供应链的稳定,严重破坏国际经贸秩序。

(三)美方滥用出口管制破坏全球供应链稳定

近年来,美方泛化国家安全,滥施长臂管辖,持续将出口管制政治化、武器化、工具化,对其他国家产业和企业实施制裁打压,严重阻碍全球正常经贸往来,破坏全球产业链供应链稳定。

美方以国家安全和人权为名行打压遏制之实。2022年以来,美国以所谓国家安全为由,连续多次升级对华半导体和人工智能出口管制,从限集成电路到限制造到限代工再到限软件,几乎是对半导体全产业链的打压。美国对人工智能模型及提供底层算力支撑的集成电路采取歧视性管制措施,实质是在人工智能领域搞"三六九等"、分"亲疏远近",剥夺包括中国在内广大发展中国家实现科技进步的权利。

近年来,美方以强迫劳动为由将中国多家实体列入"维吾尔强迫劳动预防法实体清单",并持续以人权为由对中国相关实体实施出口管制制裁。受制裁的企业并没有所谓"强迫劳动"问题,有的企业已全面实现无人化生产,有的企业已通过第三方机构对其开展审计,未发现任何"强迫劳动"的证据。制裁使得中国企业无辜面临断供应、断资金、断合作的严重影响,合法权益受到严重损害。

美方滥用出口管制,无理制裁大批中国实体。长期以来,美方对中方实施严苛的出口管制政策,还以涉俄、涉伊、涉恐、涉毒等为由,对中国实体使用"黑名单"工具进行打压遏制,中国被制裁实体面临供应链断裂、技术合作受阻等困境。近年来,美方对华制裁频次和烈度大幅提升。美国智库研究认为,"美制裁清单制定缺乏透明度与公正性。出口管制实体清单增列程序依赖保密信息,缺乏透明度;增列标准较为模糊,缺乏明确界定;移出门槛极高,导致企业难以通过司法诉讼进行移单。"

美方措施损人不利己,扰乱全球产业链供应链稳定。美方滥施长臂管辖,通过最低含量规则和外国直接产品规则,人为"筑墙""脱钩",违背经济规律和市场规则,不仅使双方产业合作面临巨大不确定性,而且严重破坏国际贸易秩序和全球产业链供应链安全稳定。例如,美国2023年颁布的"1017"半导体规则首次运用最低含量规则,对于特定光刻设备,只要含有任何美国元素,对华出口时须向美国申请许可。美2024年颁布的"1202"半导体措施,对24种半导体设备设限,并增设外国直接产品规则,要求其他国家生产的相关半导体制造设备在对华出口时,只要含有特定美国元素就需要向美申请许可,目的就是禁止美国产品进入中国市场,也禁止其他国家相似产品进入。美国芯片巨头英伟达表示,新规实际上威胁了全球创新和经济增长,并使其失去中国市场,处于竞争劣势。纽约联储研究显示,美对华各类制裁措施使美企业市值损失约1300亿美元。

(四)美方301关税措施是典型的单边主义做法

美方301关税措施是典型的单边主义、保护主义做法,既严重破坏国际贸易秩序和全球产业链供应链安全稳定,也没有解决美国自身的贸易逆差和产业竞争力问题,还推高了美国进口商品价格,成本最终由美国企业和消费者承担。近日,美方不仅未终止已有的301调查,反而提出就所谓非市场政策和做法对中方开展新的301调查,在错误的道路上越走越远。

301关税不符合多边经贸规则。301关税严重违反世界贸易组织最基本、最核心的最惠国待遇、约束关税等规则。2018年4月,中国将美国征税措施起诉至世界贸易组织争端解决机制。2020年9月15日,世界贸易组织正式公布案件裁决,专家组全面支持中国的主张,认定美国仅针对中国产品加征关税,违反《1994年关税与贸易总协定》第1条的最惠国待遇义务。美国于2020年10月26日提出上诉。但因美国此前阻挠,上诉机构已陷入停摆,导致该案件处于上诉待审状态。

301关税无法解决美国的逆差问题。2018年以来,美国已经连续7年维持对华加征301关税。其间,美国整体的逆差并未因此下降,反而从2018年的9502亿美元升至2024年的12117.5亿美元。

美国希望通过对华加征关税来降低对华贸易依赖,实现进口来源多样化。中国是美国最大的进口来源国之一,这对美国而言并非坏事。新冠疫情期间,中国对美国出口的大量个人防护装备满足了美国抗疫需求,很多防疫产品的关税豁免一直延续至今。

301 关税严重损害了美国企业竞争力和消费者福利。301 关税使得涉税商品的价格更加昂贵,相关成本大多由美国进口商、批发零售环节和消费者承担。2023 年 3 月,美国国际贸易委员会发布 232 和 301 关税对美国内产业经济影响的报告显示,美对华加征的关税成本几乎 100%由进口商承担。

(五)美方 232 调查违反多边经贸规则

2017 年以来,美方频繁使用 232 调查,将其作为贸易保护和谈判施压的工具。2017 年至 2021 年共发起 8 起 232 调查,包括钢铁、铝、汽车及零部件、移动式起重机等。调查频率之高、针对产品范围之广前所未有。

2017 年 4 月,美国商务部宣布对进口至美国的钢铝产品发起 232 调查。2018 年 3 月,美国宣布以维护国家安全为由对进口钢铁和铝产品分别加征 25%和 10%的关税。在该案调查过程中,美国国防部曾致函美国商务部,称进口的钢铝产品并不影响国防部获取满足国防需求的钢铝产品。

事实证明,钢铝232关税解决的并非美国家安全问题,而是为了在谈判中施加压力。在北美自由贸易区重新谈判中,美国在获得想要的条件后才取消了对加拿大和墨西哥的钢铝产品关税;在与韩国的自贸协定修订谈判中,美国于韩国在汽车贸易方面作出退让后,才将对韩国钢铝产品的232措施从关税转换为关税配额;在与欧盟的谈判中,美国在欧盟同意取消对美国产品的限制措施,并与美国共同对抗所谓的"非市场经济行为"后,才将对欧盟的232钢铝措施从关税转换为关税配额。

美国的232调查以国家安全之名,行贸易限制和谈判施压之实,不仅损害其他国家和地区的合法权益,还违反了美国的国际义务,破坏了多边贸易体制。包括中国、欧盟在内的多个世界贸易组织成员将美国对进口钢铝产品实施的232限制措施诉至世界贸易组织争端解决机制。在争端解决程序中,世界贸易组织专家组明确认定美国的232钢铝措施违反世界贸易组织成员必须遵守的核心义务,包括《1994年关税与贸易总协定》第1条规定的最惠国待遇义务和第2条规定的约束税率义务。

2025年2月10日,美国发布公告,宣布对进口钢铝产品恢复232措施,提高铝产品关税税率,取消对相关国家的关税豁免。3 月 10 日,美方分别对进口铜和木材发起 232 调查。根据"美国第一"贸易政策报告执行摘要,美方还可能对药品、半导体和一些关键矿产启动新的 232 调查。

(六)美方违规滥用贸易救济措施 增加贸易不确定性

"美国第一"贸易政策备忘录要求美国商务部审查反倾销和反补贴政策与法规的实施情况,包括跨国补贴和"归零"①等。调查跨国补贴及"归零"的做法明显违反世界贸易组织规则,将其应用于反倾销或反补贴调查,将人为夸大其他国家对美国出口商品的倾销或补贴幅度,扰乱正常的国际贸易秩序和经贸合作,损害包括美国及其企业和消费者在内的各方利益。

对跨国补贴进行调查违反相关规则。长期以来,美国承认世界贸易组织《补贴与反补贴措施协定》(SCM 协定)不适用于跨国补贴的基本原则,对跨国补贴的调查持严格限制态度。美国《联邦法典》规定,除非存在法定的个别例

---

① 在计算倾销量(出口价格和正常价值的差额)过程中,仅取正值,将所有负值均视为零,不与正值抵消。与正常做法相比,"归零"往往会显著增大倾销量的计算结果,从而提高倾销幅度和反倾销税率。

外情况,如果补贴是由受补贴企业所在国以外的另一国政府提供的,或是由国际贷款或开发机构提供的,则不视为补贴。2024年4月,美国商务部修订反补贴法规,废除了《联邦法典》上述规定,完全放开了对跨国补贴的调查。此后,美国商务部在多起反补贴案中发起跨国补贴调查。

美国的上述法规修订和调查实践明显违反世界贸易组织规则。SCM协定规定,补贴是"由一成员领土内"的政府或任何公共机构提供的财政资助,第2条规定具有专向性的补贴是指在补贴授予机构的管辖范围内给予某一或某些企业或行业的补贴。这些都表明补贴的授予机构和接受者应在同一管辖范围内。实际上,该协定明确规定,"接受补贴的企业应为提供补贴的成员领土内的企业"。因此,只有世界贸易组织成员向位于其境内的企业提供的补贴才可适用SCM协定发起反补贴调查。

美国对上述法规的修订和调查实践也不符合美国法律。美国《1930年关税法》规定,补贴是一国领土范围内的政府或公共机构提供给其管辖范围内的企业或产业的补贴。因此,美国商务部的相关法规修订、调查和裁决没有美国国内法的依据或授权。

违规使用"归零"做法人为扩大倾销幅度。在世界贸易组织历史上,"归零"做法因其夸大倾销幅度而广受质疑和诟病。截至 2025 年 2 月 7 日,世界贸易组织争端解决机制至少受理了 27 起与"归零"合规性问题有关的案件,其中有 2 起早期案件的被诉方是欧盟,其余 25 起案件的被诉方均是美国。美国在已经审理完毕的所有相关案件中均被裁决违反世界贸易组织规则。美国一方面拒绝放弃"归零",另一方面也迫于不断败诉的压力,逐步调整其"归零"做法,但至今仍利用《反倾销协定》中的模糊空间,在其认为存在"目标倾销"的案件中坚持"归零"。

如果美国在根据"美国第一"贸易政策备忘录进行审查后,"复活"非目标倾销下的"归零"做法,将违反世界贸易组织规则,并公然违背世界贸易组织争端解决机制 20 多年来在诸多案件中就"归零"问题作出的裁决。"归零"的复活和扩大化将人为"制造"倾销或者提高倾销幅度,从而使其他世界贸易组织成员对美出口的被调查产品面临不公平的高额反倾销税,损害各世界贸易组织成员及其企业的利益。

(七)美方以芬太尼为由对华采取经贸限制措施无益于解决问题

2025 年 2 月、3 月,美方以芬太尼等问题为由,两次对中国输美产品全面加征关税,威胁取消对中国小额包裹免税政策。4月2日,美方宣布自5月2日起取消对中国小额包裹免税政策。这种做法毫无根据,不仅解决不了自身问题,还会破坏中美经贸合作和正常的国际贸易秩序。

美方对华指责罔顾事实。中国是世界上禁毒政策最严格、执行最彻底的国家之一,已经将芬太尼类药品纳入《麻醉药品品种目录》,对其生产、经营、使用和出口环节实行严格管制,迄今未发现此类药品在生产、流通环节流失案件。国家药品监督管理局对芬太尼类药品的出口贸易实行许可证制度,在严格审核的基础上,主动与进口国主管部门开展国际核查,每批出口贸易均须经进口国主管部门确认合法性后,再核发麻醉药品出口准许证。

2023年,中国出口芬太尼类药品总计9.766千克,主要出口至亚洲的韩国、越南、马来西亚、菲律宾和拉美地区的智利、巴拿马、哥伦比亚、巴拉圭以及欧洲的波兰、德国、法国等国家,未向北美地区出口过任何品种和任何剂型的芬太尼类药品。

中美双方开展了广泛、深入的禁毒合作,并取得显著成效。2019年4月1日,应美方请求,中国在本国并无规模性滥用情况下,本着人道主义善意,发布芬太尼类物质整类列管公告,并于当年5月1日起正式施行,成为全球范围内第一个对芬太尼类物质实施永久性整类列管的国家。此后,中国公安部连续3年组织开展打击制贩芬太尼类物质等新型毒品犯罪专项行动。芬太尼类物质整类列管后,中国未再收到美方查获来自中国此类物质的通报。

美方对小额包裹免税的担忧毫无必要。美方宣称,小额包裹免税政策以及配套的简易通关安排可能冲击国内产业,造成税收流失、商品质量安全监管缺失等问题。这种担忧并没有现实依据。首先,小额包裹免税政策对国内市场影响有限。消费者个人自国外购买自用物品是对个人消费的有益补充。尽管近年来全球零售包裹进口额增长较快,但总体规模相对有限,在全球贸易总额和社会零售总额中的占比仍较小,远未达到主导地位。其次,实施小额包裹免税政策能降低行政成本。小额免税政策下,海关可将更多资源集中在高价值商品和高风险货物的监管上,提升整体监管效能。如取消小额包裹免税政策,逐一查验小额包裹并征税将带来巨大的监管成本,极大地增加企业物流和通关成本。第三,小额包裹的产品质量安全有保障。大部分中国跨境电商平台均设有不少于30天的无理由退货期,消费者在期限内可无理由退货退款,甚至不退货、仅退款。这既是消费者权益的保障条款,更是跨境电商卖家严把产品质量关的督促条款。第四,高风险商品管控有效。中国出口的小额包裹商品主要是服装、电子产品、玩具等。在各国不断加强监管、提升技术手段的情况下,并无证据证明在来自中国的小包裹中发现违禁物品。

小额包裹免税政策顺应国际贸易发展趋势。世界海关组织建议各国海关设置关税最低起征点。世界贸易组织《贸易便利化协定》鼓励成员设置免于征收关税和国内税的微量货值或应纳税额。全球绝大多数国家实施小额包裹免税政策,并简化相关商品通关流程。中国政府对于寄递进境的个人物品合并征收关税、增值税和消费税,应征税额在50元人民币以内的予以免征,政策取得良好成效。

——促进消费市场多元化。消费者能以更低价格购买来自世界各地的商品,丰富了购物选择。该政策具有满足消费者个性化需求、快速到货和节省费用等优势,提升了消费体验。以中国的天猫国际进口平台为例,截至2024年,该平台已覆盖超过4000个品牌、上百万种商品,涵盖食品、母婴用品、家居生活、时尚服饰等多个领域,且还在不断扩充。

——助力更多中小微企业参与国际贸易。跨境电商是新质生产力的体现,减少贸易环节,降低贸易门槛。跨境电商零售业务直接连接中小微企业和消费者,为这些企业主体提供了更多贸易机会,扩大了贸易规模,优化了贸易结构。当前,中国跨境电商贸易主体超 12 万家,成为参与国际贸易的重要力量。

——促进全球经济合作。跨境电商的快速发展为国际贸易注入了新的活力。该政策通过数字化平台和高效物流,有效降低贸易成本,有助于全球供应链更灵活地配置资源,进一步推动了全球经济的互联互通。中国跨境电商平台阿里巴巴国际站服务全球超过 200 个国家和地区的 2600 万活跃企业买家。企业通过平台对接全球供应商,灵活调整采购策略,分析不同市场需求,实现按需生产,提高资源利用效率。

(八)美方加征所谓"对等关税"损人害己

2025 年 4 月 2 日,美国政府宣布对贸易伙伴征收所谓"对等关税",其中对中国加征的"对等关税"税率为 34%,还针对中方正当反制措施进一步加征 50% 关税。美方做法罔顾多年来多边贸易谈判达成的利益平衡结果,也无视美方长期从国际贸易中大量获利的事实,试图以"产业保护""国家安全"等名义高筑贸易壁垒,不仅严重违反世界贸易组织规则,严重冲击多边贸易体制,严重损害相关方的正当合法权益,也无助于解决其国内经济问题,必将遭到反噬、自食恶果。

"对等关税"推高美国通胀压力。耶鲁大学预算实验室预测显示,"对等关税"实施后,在其他国家采取反制措施的情况下,美国个人消费支出(PCE)价格涨幅将扩大至2.1%,美国低、中、高收入家庭平均将损失1300美元、2100美元、5400美元,成为关税的最终"买单"者。受新一轮加征关税影响,美国食品、服装、电子产品及日用品等日常消费品零售价格上涨压力将明显增大。

"对等关税"削弱美国产业基础。特朗普政府试图通过关税迫使制造业回流,但事实上,关税将通过产业链供应链逐级传导,加剧供应链断裂与产业空心化风险,增大了发展制造业的难度。彼得森国际经济研究所数据显示,90%以上的关税成本将转嫁至美国进口商、下游企业和最终消费者。

"对等关税"加剧金融市场恐慌。美"对等关税"宣布第二天,美股三大指数均暴跌超过5%。同时,美元对欧元汇率明显下行,显示市场对关税干扰经济运行的担忧加剧,信心受到严重冲击。

"对等关税"加大美国经济衰退风险。摩根大通、高盛等机构均大幅上调美国经济衰退概率。相关研究认为,"对等关税"及相关国家对美反制,可能拉低美国实际 GDP 增速 1 个百分点左右。

同时,"对等关税"还将扭曲全球市场资源配置,破坏全球合作根基,影响世界经济长期稳定增长。美国加征"对等关税"破坏全球产业链供应链稳定,严重冲击世界经济循环。世界贸易组织总干事伊维拉表示,美国加征关税将对全球贸易和经济增长前景造成巨大影响,可能导致 2025 年全球商品贸易量总体萎缩约 1%,较上次预测下调近 4 个百分点。

历史实践反复证明,贸易保护主义无助于改善本国经济,反而严重破坏世界贸易投资体系,可能引发全球性经济金融危机,最终必将损人害己。

六、中美可以通过平等对话、
互利合作解决经贸分歧

中美作为全球前两大经济体,经贸交往规模庞大、内涵丰富、覆盖面广、涉及主体多元,存在分歧是正常的。解决问题和弥合分歧最好的方式是通过平等对话,寻求互利合作的路径。中美两国的合作不仅关乎两国人民的福祉,也将对世界的和平与发展产生深远影响。

(一)平等对话应是大国间解决问题的基本态度

历史上,国与国之间存在争端和分歧并不鲜见,解决问题的方式却并不相同。通过对话和磋商解决争端,不仅解决效率更高,国际社会也可避免承受不必要的成本。

中国和美国都有各自的国情,处于不同的发展阶段。两国历史上既有反法西斯、反恐、应对公共卫生紧急事件等携手应对挑战的经历,又在推动建立多边贸易体制、促进亚太地区开放繁荣等方面开展过卓有成效的合作。通过平等对话机制,中美双方可以清晰表明对各自主要关注问题的态度,澄清相关事实,解释提出关注的原因,探讨导致相关问题的因素,商量可能的解决方案。发展中出现的问题要依赖发展解决,短期内出现的问题在中长期视角可能不再是困扰。事实上,任何国家都不会为了迎合或满足其他国家不合理的要求而放弃自身合理的发展利益,但这并不妨碍双方通过平等对话寻找可能的解决路径。

(二)互利合作有利于中美实现各自的发展目标

中美两国都有各自的发展愿景与目标。无论从最优化配置资源要素、更好适应创新技术持续涌现带来的发展模式转变,还是从创造稳定的全球发展环境看,都需要中美相向而行、协同发展。

互利合作有利于提高投入产出比。通过互利合作,可以减少不必要的重复投入,将有限的资源用于更需要的领域,实现发展效能的提升。互利合作还有利于纠正国际贸易的不平衡,通过有效的市场竞争为消费者提供更为丰富的产品和服务选择。

互利合作有利于更快适应新变化。历史经验表明,新技术的出现在提高生产效率的同时也给原有的社会经济模式带来冲击。包括人工智能在内的技术进步正在重塑经济生态,能源结构转型也需要各方快速作出反应。中美可以在创新、生产、服务和消费等各领域加强合作,提高对技术升级的响应速度和应对能力,获得更大的发展利益。

互利合作有利于增强发展持久性。美国曾经是当前多边经贸规则的倡导者,中国是积极的参与者,各方共同接受的多边规则大幅降低了国际经贸合作的成本。中美的互利合作可以减少市场对不确定性的担忧,支持全球经济加速复苏。

(三)世界期待中美合作带来更多的发展机会

中美两国在全球经济体系中扮演着重要的角色。两国经济总量超过世界三分之一,人口总数占世界近四分之一,双边贸易额约占世界五分之一。美国是全球最大的消费市场,中国是全球第二大消费市场。中美两国通过全球供应链,为各利益相关方提供了广泛的机会,带动相关国家原材料出口、中间品生产、服务业发展,提升了全球价值链效率与效益。中美经贸关系健康、稳定、可持续发展,有利于中美两国,也有利于世界。

中美可以共同努力促进国际经济治理规则的合理化改

革,以适应生产力的发展。以世界贸易组织为核心的多边贸易体制和以双边自贸协定为代表的区域贸易协定都是经济治理的重要平台。各方对于理想的多边经贸治理机制的期待可能不同,但指责和消极抵抗于事无补,应采取更为积极的做法,寻求共识,探索多边经济治理体系的改进路径。

结　束　语

历史昭示我们,中美合则两利、斗则俱伤。中美加强合作符合全世界的期待。世界经济要实现更快发展,就需要公平、开放、透明和以规则为基础的世界市场。没有中美合作,这种世界市场难以形成。国际贸易规则需要不断更新,以适应世界经济的变化,同样需要中美合作引导。人工智能、生物技术、量子计算等新技术和产品不断出现和迭代更新,要预防和管控潜在安全风险,确保技术和平利用而不被滥用,需要中美合作建立相关规则和秩序。

贸易战没有赢家,保护主义没有出路。中美各自取得成功,对彼此都是机遇而非威胁。希望美方与中方相向而行,按照两国元首通话指明的方向,本着相互尊重、和平共处、合作共赢原则,通过平等对话磋商解决各自关切,共同推动中美经贸关系健康、稳定、可持续发展。

责任编辑：刘敬文　王新明

图书在版编目（CIP）数据

关于中美经贸关系若干问题的中方立场 ／ 中华人民共和国国务院新闻办公室著. -- 北京 ：人民出版社，2025. 4. -- ISBN 978－7－01－027222－1

Ⅰ. F752. 771. 2

中国国家版本馆 CIP 数据核字第 2025PU5355 号

关于中美经贸关系若干问题的中方立场

GUANYU ZHONGMEI JINGMAO GUANXI RUOGAN
WENTI DE ZHONGFANG LICHANG

（2025 年 4 月）

中华人民共和国国务院新闻办公室

人民出版社 出版发行
（100706　北京市东城区隆福寺街 99 号）

中煤(北京)印务有限公司印刷　新华书店经销

2025 年 4 月第 1 版　2025 年 4 月北京第 1 次印刷
开本：850 毫米×1168 毫米 1/32　印张：2.5
字数：40 千字

ISBN 978－7－01－027222－1　定价：6.00 元

邮购地址 100706　北京市东城区隆福寺街 99 号
人民东方图书销售中心　电话 （010）65250042　65289539